TERRE DI MEZZO
EDITORE

# io mangio come voi

## 63 ricette gustose
## per mangiare bene
## da 6 mesi a 99 anni

A cura dell'Unità per la Ricerca sui servizi sanitari
dell'ospedale materno infantile Burlo Garofolo

# IO MANGIO COME VOI

**Testi di:**
Claudia Carletti
Paola D'Acapito
Alessandra Knowles
Anna Macaluso
Adriano Gon
Adriano Cattaneo

**Con la collaborazione di:**
Paola Pani, Mariarosa Milinco,
Francesca Maur

**Progetto grafico ed editoriale:**
Adriano Gon
Nicola Buiat

© 2014 Cart'Armata edizioni Srl
Terre di mezzo Editore
via Calatafimi 10, 20122 Milano
Tel. 02-83.24.24.26
e-mail editore@terre.it
libri.terre.it

**Direzione editoriale:**
Miriam Giovanzana

**Coordinamento editoriale:**
Sara Ragusa

Prima edizione, febbraio 2014
Prima ristampa, maggio 2014
Stampatori della Marca srl,
Castelfranco Veneto (Tv)

MISTO
Carta da fonti gestite
in maniera responsabile
FSC
www.fsc.org
FSC® C104061

Questo libro è stampato su carte dotate di certificazione Fsc®,
che garantisce la provenienza della materia prima da fonti
gestite in maniera sostenibile: l'interno su carta Arcoset Fsc®
da 120 grammi delle cartiere Fedrigoni, la copertina su carta
Arcoset Fsc® da 250 grammi delle cartiere Fedrigoni.

# Abc dell'alimentazione complementare

Questo libro nasce da un lungo lavoro svolto insieme
a 400 mamme che ci hanno descritto l'alimentazione
del proprio bimbo dalla nascita fino ai 3 anni di vita,
e le difficoltà incontrate nell'affrontare il delicato momento
dell'introduzione di cibi diversi dal latte. Ci siamo resi conto
che le informazioni che arrivano ai genitori sull'"alimentazione
complementare" sono spesso contrastanti e non aggiornate.
Vogliamo, quindi, fornire ai genitori uno strumento pratico
che permetta di attraversare con semplicità questo periodo,
senza il bisogno di seguire regole rigide. Un po' come si fa
tra amici quando ci si chiede: "Ma tu cosa cucini stasera?",
così anche noi vi offriamo alcuni suggerimenti su che cosa
preparare. Abbiamo scelto ricette semplici e divertenti,
che prevedono ingredienti che facilmente fanno già parte
del vostro "repertorio" culinario.
Ma non pensiamo solo al piatto dei bimbi. Grazie a queste
ricette i genitori potranno cogliere l'opportunità di mangiare

in modo sano e saporito, e trasmettere così fin da subito ai propri figli l'amore per la buona tavola.

Probabilmente alcuni genitori non hanno mai sentito parlare di "alimentazione complementare", ma magari ai giardini pubblici hanno sentito dire che il figlio dei loro amici non si vuole svezzare, o che lo svezzamento li fa tribolare. Ebbene per alimentazione complementare si intende l'introduzione di altri alimenti in aggiunta al latte (materno o di formula). Forse, leggendo questa frase, penserete che sia solo un nuovo termine per definire lo svezzamento, ma non è così.
Con l'alimentazione complementare, infatti, abbracciamo l'idea che il bambino, quando è pronto, inizia ad assaggiare altri cibi, che integrano il latte, non lo sostituiscono: il latte rimarrà infatti la sua fonte principale di nutrienti per molti mesi ancora.
L'idea è quella di promuovere la continuazione dell'allattamento, non quella di togliere il "vezzo" (il significato di svezzamento è proprio questo), di considerare cioè il periodo dell'alimentazione complementare come un momento di sperimentazione e apprendimento durante il quale il bambino guida attivamente l'intero processo, usando le proprie capacità e competenze.

Fino ai 6 mesi circa il latte, materno o di formula, copre da solo tutti i bisogni nutrizionali del piccolo. Oltre a questa fondamentale informazione, l'unica regola da seguire per decidere quando cominciare ad aggiungere nuovi sapori è osservare il bambino, perché sarà lui a farvi capire quando è pronto. Intorno ai 6 mesi, molti sono già in grado di rimanere seduti da soli o con un sostegno, di assaggiare i cibi con un cucchiaino o aiutandosi con le mani, di mettere e tenere i cibi in bocca per poi masticarli e deglutirli. Ma ciascun bambino lo fa in tempi e modi differenti e solo i genitori, che passano tante ore con lui, possono capire quando è pronto a iniziare l'esplorazione dei vari alimenti.

I bambini gattonano, camminano e parlano a età diverse, fidatevi di loro anche per quanto riguarda l'alimentazione complementare.

Non siete sicuri che sia pronto? La cosa più semplice è guardare i tre segnali e fare un tentativo.

Il tuo bambino è pronto se:
- sta seduto da solo sul seggiolone e tiene dritta la testa;
- coordina occhi, mani e bocca per guardare, afferrare e portarsi alla bocca da solo un pezzo di banana o, a seconda della stagione, una pera matura, un pezzo di anguria o qualsiasi altro alimento morbido e facile da afferrare;
- deglutisce il cibo.

Quando si pensa all'introduzione dei primi alimenti, si pensa sempre a una ricetta da seguire scrupolosamente, associata all'immagine di un adulto con un cucchiaino in mano che tenta di infilare una pappa dall'aspetto poco invitante nella bocca di un bambino interessato a tutto tranne che a quel cucchiaino. Quello che vogliamo proporre, invece, è un approccio all'alimentazione complementare incentrata sul bambino ma anche sulla famiglia. Il bambino ha un ruolo attivo nella scelta dei tempi e delle quantità degli alimenti, così come la famiglia ha un ruolo attivo nello scegliere che cosa mangiare. Il vostro bimbo, infatti, vi farà capire sia quando è pronto ad assaggiare altri alimenti diversi dal suo amato latte, sia le quantità di cui ha bisogno (d'altronde sapeva già autoregolarsi quando beveva solo latte).

Le ricette che si preparano normalmente in famiglia vanno bene anche per lui, purché la famiglia mangi sano. Non c'è infatti motivo per evitare o posticipare l'inserimento di alcuni alimenti rispetto ad altri. Via libera quindi a pomodori, uova, fragole o pesce, che un tempo facevano tanta paura perché

considerati causa di allergie. La letteratura scientifica più
recente ci rassicura: non ci sono alimenti controindicati
in assoluto. Si pensi solo ai legumi e alle uova, la cui
introduzione nella dieta, senza alcuna base scientifica,
avveniva intorno all'anno di età. Questi sono invece un'ottima
fonte proteica alternativa alla carne e con una consistenza
adatta anche a un bimbo di sei mesi: la minestra di legumi
è facile offrirla al piccolo con un cucchiaio, e per la frittata
bastano le mani.
Consigliamo, in accordo con le recenti raccomandazioni
internazionali, di aspettare fino a circa l'anno di età per
introdurre il miele di produzione artigianale perché può
causare, anche se raramente, una malattia molto pericolosa
(il botulismo infantile), e per sostituire il latte materno
o di formula con quello di mucca, perché quest'ultimo ha poco
ferro (ma lo si può usare per la cottura di altri alimenti,
ad esempio un buon purè).

Il bambino, da quando inizia l'alimentazione complementare,
può mangiare come voi e con voi.
Provate a metterlo seduto a tavola e a proporgli quello che
avete nel piatto. Questo gli permetterà di assaggiare alimenti
di cui conosce già i sapori perché li ha già "gustati" prima
e dopo la nascita attraverso il liquido amniotico e il latte
materno. Allo stesso tempo incoraggerà tutta la famiglia
ad adottare un'alimentazione corretta e bilanciata.
La famiglia, infatti, è il modello alimentare di riferimento:
è quindi importante rendere i pasti un'occasione di convivialità
e un momento per educare al gusto e a una dieta sana tutti
i suoi componenti. Quando pensate a cosa preparare da
mangiare, provate ad aumentare la varietà degli ingredienti.
Questo non solo migliora l'appetito, ma accresce l'accettabilità
di sapori differenti e accresce la probabilità di far assumere
al bambino tutto ciò di cui ha bisogno.

Provate a cucinare con poco sale e poco zucchero, così
il bambino non si abitua a gusti troppo dolci o troppo salati
e tutta la famiglia acquisisce abitudini alimentari più sane…
e anche il nonno ne trarrà beneficio per la sua pressione alta!
Inoltre, una scelta che ci sentiamo di sostenere è quella di
comprare gli alimenti del proprio territorio che, percorrendo
pochi chilometri per arrivare alle nostre tavole, sono spesso
più freschi e saporiti, e più facilmente rispettano stagionalità
e ambiente. Andare al mercato con il piccolino per comprare
frutta e verdura di stagione e a "chilometro zero", lo aiuterà
a capire che mele, insalata, zucchine, carote… che troverà
nel piatto non nascono in un sacchetto di plastica.

Infine, se non volete rimanere delusi, ricordatevi che il bimbo
non mangerà la quantità di pappa che volete voi, ma quella
che vuole lui. Ricordate che lo stomaco di un bimbo di 6 mesi è
piccolo come il suo pugno e che è in grado di autoregolarsi con
gli alimenti complementari come lo è stato fino ad ora con il latte.

I cibi per l'infanzia di produzione industriale (gli omogeneizzati,
le farine e tutti i prodotti per bambini) non offrono vantaggi
nutrizionali sui cibi ben preparati in casa (eccetto quando vi
è un bisogno specifico di fortificazione con vitamine e minerali)
e possono ritardare l'accettazione degli alimenti della famiglia.
Nell'alimentazione degli adulti tutti parlano dell'importanza
di mangiare cibi freschi e fatti in casa mentre sembra normale
offrire ai piccoli pappe pronte dal gusto omogeneo. Il vasetto
di omogeneizzato, invece, dovrebbe essere l'eccezione per
i momenti di emergenza, esattamente come lo sono i cibi pronti
per noi adulti.

I simboli colorati che troverete in ogni ricetta identificano sia
i principali gruppi alimentari (cereali, carne, pesce, latte, uova,
legumi, verdura, frutta, frutta secca, olio e burro), sia

le possibili modalità di adattamento e degustazione per i più piccoli (frullabile, schiacciabile, al cucchiaio, finger food - con le dita). Quando nelle ricette proponiamo una variante che include ulteriori gruppi alimentari, questi verranno presentati con un simbolo preceduto da un +. Sull'aletta della copertina troverete la legenda dei simboli. I colori aiutano a capire quanti gruppi alimentari si stanno assumendo in quel pasto, non la loro quantità o importanza. Maggiore è la quantità dei colori presenti in una ricetta o in un pasto, maggiore è la varietà. Affiancando ricette diverse potrete così ottenere una dieta varia ed equilibrata. Le dosi delle ricette sono state pensate per una famiglia di 4-6 persone, ma sono solo indicative perché dipendono dal numero e dall'età dei bambini.

Gli autori
Siamo un gruppo di ricercatori dell'Unità di Ricerca sui Servizi Sanitari e la Salute Internazionale - Irccs Burlo Garofolo - Ospedale per la salute della donna e del bambino di Trieste. Fra di noi ci sono nutrizioniste, pediatri, biologi, epidemiologi, un artista cuoco e tante mamme. Ci dedichiamo da molto tempo a proteggere, promuovere e sostenere una sana alimentazione fin dalla nascita, lavorando in collaborazione con pediatri, aziende sanitarie, molte mamme e il Ministero della Salute.

Buon divertimento e buon appetito!

Ci potete trovare o contattare qui:
Unità di Ricerca sui Servizi Sanitari e la Salute Internazionale - **Irccs Burlo Garofolo - Trieste**
via dell'Istria 65/1, 34137 Trieste
tel. +39 040 3785 277 / 236
e-mail: cooperazione@burlo.trieste.it

Grazie a :

1a, Serenella, Erica, Georgica, Patrizia, Stella, Linda, Milena, Annamaria, Martina, Paola, Alessandra,
a, Rossana, Valentina, Valentina, Erminia, Carla, Rossella, Yuliya, Romy, Viviana, Barbara, Tamara,
tina, Daniela, Roberta, Angela, Patrizia, Cristina, Ana Maria, Renata, Maria Cristina, Manuela, Lara,
a, Laura, Ivana, Anna, Claudia, Cristina, Michela, Sonja, Daria, Erika, Erica, Maria Grazia, Valeria, Carla,
ilde, Irene, Barbara, Bruna, Giada, Valentina, Solidea, Elena, Tiziana, Daniela, Anita, Daniela, Michela,
, Stefania, Claudia, Linda, Paola, Giulia, Alessandra, Maria, Silvia, Elisabetta, Patrizia, Lea, Roberta,
ina, Rosanna, Elena, Luisa, Monica, Francesca, Michela, Valeria, Nicoletta, Maria Teresa, Fatou
eton, Elena, Paola, Francesca Romana, Katia, Katiuscia, Silvia, Irene, Daniela, Giorgia Maya, Federica,
ntina, Roberta, Luana, Susanna, Wilma, Paola, Paola, Michela, Daniela, Gloria, Silvia, Morena, Anna,
bara, Giovanna, Elisabetta, Elena, Elisa, Samanta, Cristina, Francesca, Fabrizia, Tatiana, Silvia, Michela,
bara, Cristina, Luisa, Monica, Marisa, Luana, Ilaria, Jennifer, Eleonora, Karen, Manuela, Elisabetta,
onella, Beatrice, Giada, Diana, Giada, Emanoelita, Alina, Elisa, Federica, Susanna, Alessia, Angela,
iela, Dorotea, Fabiana, Fabiola, Annalisa, Isabella, Emilia, Cristina, Laura, Petra, Novella, Lucia,
am, Grazia Anna, Tatiana, Emma, Sara, Ornella, Manuela, Federica, Francesca, Luisa, Francesca,
a, Elena, Maria Debora, Elena, Antonella, Deborah, Nicoletta, Sara, Deborah, Donatella, Maria
zia, Erica, Marina, Francesca, Sara, Monica, Laura, Annalisa, Manuela, Maddalena, Federica, Eleonora,
cesca, Michela, Maurizia, Francesca, Carolina, Arianna Celeste, Maria, Arianna, Anna, Fabiana,
sia, Maria Gabriella, Jessica, Roberta, Barbara, Reana, Elena, Chiara, Marzia, Nicoletta, Francesca,
a, Fabiana, Cinzia, Anna, Fabiana, Elena, Tiziana, Nicoletta, Eva, Barbara, Rossana, Donatella, Alessia,
uela, Luciana , Tatjana, Consuelo, Elisa, Lara, Maria Luisa, Arianna, Sabrina, Alexia, Rossella, Martina,
riella, Elisabetta, Francesca, Claudia, Daniela, Cristina, Maya, Linda, Francesca, Elena, Giuliana,
e, Viviana, Elisa, Miriam, Caterina, Martina, Manuela, Dejana, Rosy, Alessia, Barbara, Elisa, Micaela,
, Valentina, Gaetana, Antonella, Alessandra, Barbara, Mandita, Suada, Erika, Antonella, Fiorenza,
iela, Damjana, Coralba, Cristina, Elena, Giulia, Martina, Samantha , Simonetta, Sara, Rosanna,
ina, Monica, Maria, Vesna, Sara, Marija, Amanda, Irina, Annalisa, Monica, Dragana, Ingrid, Annalisa,
, Loredana Francesca, Anna, Daniela, Valentina, Ingrid, Consuelo, Chiara, Eridania, Vera, Marina,
anna, Hassna, Violeta, Tiziana, Claudia, Orobosa, Caterina, Katia, Katarina, Debora, Alessandra,
tina, Dianea, Seba, Sabina, Simona, Liliana, Valentina, Barbara, Sara, Maria, Maira, Helga, Katrina
, Sandra, Erica, Luciana, Claudia, Atonella, Sabina, Fabrizia, Katarina, Gabriella, Elisa, Michelle,
dra, Cristina, Paola, Gabriela, Barbara, Ivana,Valentina, Marta, Katja, Sonia, Francesca, Giulia, Irena,
sanna, Iryna, Sanja, Sara, Cristina , Beatrice, Nora, Elisabetta, Nadia, Silvija, Michela, Sabrina, Barbara,
ela, Maria, Cinzia, Carmen, Antonella, Ilaria, Anna, Noemi Tunde, Marica, Federica, Nicoletta,
a, Marzia, Nadia, Manuela, Tiziana, Monica, Paola, Filomena, Fabiana, Adelia, Maria Cristina,
ntina, Carmela, Linda, Milanka, Dolores, Michela, Silvia, Alice, Marija, Gianina, Sabrina, Elisabetta.

# Merende e colazioni

Queste ricette sono adatte dal punto di vista nutrizionale
sia per la colazione sia per la merenda. Ve ne sono di dolci
e di salate, incluse le mousse salate che a nostro avviso sono
un'alternativa gustosa a classici quali pane e marmellata,
pane e olio d'oliva, pane e burro.

## 12 **Mousse salate**

### Al prosciutto

150 g di prosciutto cotto,
100 g di ricotta/robiola/caprino/altro
formaggio spalmabile, 1 pizzico di sale.

### Al tonno

300 g di tonno in scatola sgocciolato,
150 g di ricotta/robiola/altro
formaggio spalmabile, 2 acciughe sott'olio,
il succo di mezzo limone.

### Alle zucchine

3 zucchine al vapore o lessate
in acqua salata, 125 g di ricotta/caprino
o altro formaggio spalmabile.

Taglia gli ingredienti a tocchetti e frullali
assieme usando un mixer (se non hai
il mixer puoi ottenere lo stesso risultato
con una mezzaluna) fino a quando
il composto non diventa cremoso
e omogeneo.
Puoi proporre le mousse su pane tostato,
sui grissini o anche su verdura cruda tipo
gambi di sedano, listelli di carota
o di finocchio.

# Pizza Margherita

Per l'impasto:
500 g di farina "0", 280 ml di acqua tiepida,
2 cucchiai d'olio extravergine d'oliva,
1 cubetto di lievito di birra fresco
(o 1 confezione di lievito di birra in
polvere), 1 cucchiaio raso di zucchero,
1 cucchiaio raso di sale fino.
Per il condimento:
2 mozzarelle da 150 g, 400 g di pomodori
maturi o passata, origano, sale q.b.,
basilico fresco se gradito, un filo di olio
extravergine d'oliva.

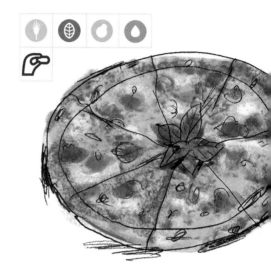

Disponi a fontana la farina creando nel mezzo uno spazio dove verserai il lievito
precedentemente sciolto in ½ bicchiere di acqua tiepida. Aggiungi il resto degli
ingredienti e poi comincia a incorporare la farina partendo dall'interno della
fontana e aggiungendo, gradualmente, il resto dell'acqua. Lavora l'impasto fino
a quando diventerà liscio e sarai in grado di staccarlo facilmente dalle mani
e dalla superficie di lavoro. Disponi la palla in una terrina coperta da un panno
e lasciala lievitare per circa un'ora a temperatura ambiente (l'interno del forno
di solito è un posto ottimale).
Spolvera il piano di lavoro con della farina e, quando sarà pronto, stendi
l'impasto utilizzando un mattarello. Ricopri ora la pasta con gli ingredienti
del condimento. Fai cuocere in forno preriscaldato a 250° per 10-15 minuti.
Ricorda: anche i bambini più piccoli possono ciucciare la crosta della pizza.
Con la pasta della pizza puoi fare anche il pane.

**Variante pane al latte**

Procedi nello stesso modo descritto sopra utilizzando gli stessi ingredienti per
l'impasto sostituendo i 280 ml di acqua con 180 ml di acqua e 100 ml di latte.

# Focaccine di patate

Ricetta per 6 focaccine:
400 g di farina "0", 200 g di patate,
150 g di acqua tiepida, 2 cucchiai di olio
extravergine d'oliva, 1 cubetto di lievito
di birra (o 1 confezione di lievito di birra
in polvere), 200 g di pomodorini, origano,
1 pizzico di sale.

Lessa le patate con la buccia e nel frattempo prepara la farina a fontana (vedi
Pizza Margherita). Quando le patate saranno cotte, sbucciale e schiacciale con
uno schiacciapatate (o con una forchetta) direttamente al centro della fontana.
Lasciale raffreddare un po', quindi aggiungi gli altri ingredienti e procedi come
descritto nella ricetta della Pizza Margherita.

Dopo la lievitazione, stendi l'impasto fino a raggiungere uno spessore di circa
un centimetro e con uno stampo tondo del diametro di 10-12 cm (se non hai
lo stampo una qualsiasi ciotola dello stesso diametro sarà perfetta) forma delle
focaccine che disporrai direttamente in un teglia da forno leggermente unta.
A questo punto taglia i pomodorini a metà e disponili sulle focaccine
premendoli leggermente nell'impasto. Aggiungi una spolverata di origano,
una spruzzata d'olio e, dopo aver lasciato riposare le focaccine per un'altra
mezz'ora circa, cuocile in forno a 200° per circa 20-30 minuti.

# Torta di yogurt

Un vasetto di yogurt da 125 g bianco o alla
frutta (il vasetto è l'unità di misura per tutti
gli altri ingredienti), 3 vasetti di farina "00",
2 vasetti di zucchero, ¾ di vasetto di olio
di semi di mais o d'oliva, 2 uova,
1 bustina di lievito in polvere per dolci,
1 pizzico di sale.

In un recipiente mescola le uova con lo zucchero. Aggiungi
la farina, l'olio e un pizzico di sale (se il composto è troppo
duro puoi aggiungere un po' di latte). Infine incorpora il lievito
in polvere. Cuoci in forno preriscaldato a 160-180°, sul ripiano
di mezzo, per 25-35 minuti. I gradi e il tempo dipendono dal
tipo di forno e dalla ventilazione.

# Clafoutis alle ciliegie

16

90 g di farina, 200 ml di latte, 3 uova,
100 g di zucchero, 1 bustina di vanilina,
la scorza grattugiata di un limone o di una
arancia, 600 g di ciliegie succose e polpose,
1 pizzico di sale, zucchero a velo.

Lava e asciuga delicatamente le ciliegie, togli i piccioli
e i noccioli. Accendi il forno (180°). In una terrina mescola
la farina con lo zucchero, aggiungi, una alla volta, le uova,
mescolando continuamente con la frusta. A questo punto
unisci un pizzico di sale e il latte, che va versato lentamente
aiutandosi sempre con la frusta in modo da non formare grumi.
Bisogna ottenere un composto gonfio e spumoso. Imburra
una teglia (32x22x4). Amalgama le ciliegie al composto,
mescolando delicatamente e versa il tutto nella tortiera.
Cuoci per circa 40 minuti o fino a quando la torta prende
colore. Falla raffreddare, toglila dalla teglia e spolverala
con lo zucchero a velo poco prima di servirla.
Il clafoutis è semplice e veloce da preparare, e si può declinare
secondo le stagioni e i gusti variando la frutta. Si possono
usare pesche, albicocche, lamponi, mele, pere e uva (ma con
frutta diversa dalle ciliegie, viene chiamato "flognarde").

# Muffin al cioccolato

Ricetta per 8 muffin:
300 g di farina, 180 ml di latte,
120 g di burro, 2 uova, 60 g di zucchero,
100 g di gocce di cioccolato fondente,
1 bustina di lievito in polvere per dolci,
1 pizzico di sale.

In un recipiente mescola con una frusta (meglio se elettrica)
le uova con lo zucchero. Aggiungi il burro (tenuto
a temperatura ambiente per almeno 15 minuti) a piccoli pezzi
e quindi il latte fatto intiepidire precedentemente sul fuoco
con un pentolino. Aggiungi la farina, un pizzico di sale
e il lievito in polvere. Dopo aver mescolato accuratamente
e ottenuto un composto cremoso e senza grumi, aggiungi
le gocce di cioccolato e distribuisci uniformemente
il composto in 8 pirottini di carta o di alluminio (da budino).
Cuoci in forno caldo a 180° per 20 minuti circa.

MUFFINS

# Mele al forno

18

4 mele (meglio renette o comunque
acide e croccanti), 6-8 cucchiai
di zucchero, 2 noci di burro,
1 cucchiaino di cannella,
50 g di mandorle, 75 g di uvetta, 1 arancia,
1 limone, 2 chiodi di garofano
(o altre spezie e odori a seconda dei gusti).

Estrai il torsolo dalle mele con un coltello o con il leva-torsoli.
Con il coltello incidi leggermente le mele e disponile su una
teglia da forno. Mescola in una terrina le mandorle tritate,
il burro, lo zucchero, la cannella, l'uvetta, i chiodi di garofano,
il succo dell'arancia e del limone e lavora bene il tutto fino
a formare un composto omogeneo che userai per farcire le mele.
Quindi cuocile in forno preriscaldato a 180° per 30-35 minuti
o comunque finché non saranno tenere e dorate.

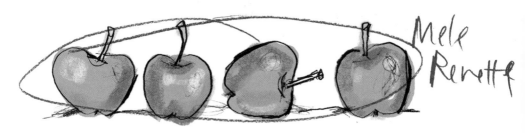

Mele Renette

# Frutta cotta

750 g di frutta tipo albicocca,
fragola, mela, pera, pesca, prugna,
frutti di bosco, 2-3 cucchiaini di zucchero,
1 bicchiere d'acqua.

Taglia la frutta in piccoli pezzi, eliminando eventuali noccioli,
e versala in una pentola. Aggiungi il bicchiere d'acqua e 2 o 3
cucchiaini di zucchero a seconda del tipo di frutta e dei tuoi gusti.
Fai andare a fuoco medio coprendo la pentola con un coperchio
fino quando la frutta si è ammorbidita. Se ti sembra troppo liquida
fai andare ancora qualche minuto senza coperchio.
Puoi aggiungere durante la cottura: scorze di limone o arancia,
un pezzettino di zenzero fresco grattugiato finemente, 2-3 chiodi
di garofano, un pizzico di cannella in polvere o grattugiata.
Puoi accompagnarla con yogurt bianco o greco o fare un semolino
dolce con 2 cucchiai di semolino duro cotto in 100 ml di latte
e ½ cucchiaino di zucchero.

20

# Budino alla vaniglia o al cioccolato della mamma di Marcella

500 ml di latte, 4 cucchiai di zucchero,
2 tuorli d'uovo, 2 cucchiai rasi di farina
(o fecola), 1 stecca di vaniglia
o 2 cucchiai di cacao amaro.

Sbatti bene le uova con lo zucchero fino a creare una spuma, aggiungi la farina e stempera con il latte. Versa il composto in una pentola, aggiungi la stecca di vaniglia aperta a metà (così usciranno tutti i semini) o il cacao facendo attenzione a non creare grumi. Fai cuocere per 10 minuti continuando a mescolare e versa nello stampo da budino o in piccoli contenitori monoporzione. Lascia raffreddare e conserva in frigorifero fino al momento di servire.

# Primi piatti

Le ricette che vi proponiamo in questo capitolo sono
quelle che tipicamente associamo all'idea di primo piatto:
risotti, vellutate, minestre e paste. Tutte queste pietanze
sono a base di carboidrati e/o verdure, ma non includono
proteine (carne, pesce, legumi, uova, formaggio)
in quantità significative. Fanno eccezione la stracciatella,
con uovo e formaggio, e la vellutata di pisellini e menta,
che ha i legumi.
I primi possono essere seguiti da un secondo a base
di proteine. Tenete conto tuttavia che nessuno di noi,
inclusi i piccolini, ha bisogno di mangiare proteine
ogni giorno a ogni pasto.

# Crema di lattuga

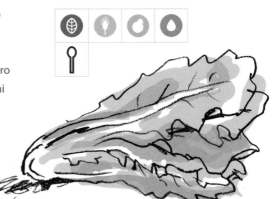

1 cespo di lattuga, 1 cipolla, 1 spicchio
d'aglio, 300 g di patate, ½ l di brodo
vegetale (o di pollo), 3 cucchiai di olio
extravergine d'oliva, 30 ml di latte intero
oppure panna liquida fresca, 2 cucchiai
di formaggio pecorino grattugiato
(o parmigiano o grana o montasio),
sale q.b., 150 g di crostini di pane.

Monda e lava le foglie di lattuga e tagliale a listarelle. Sbuccia e taglia
a dadini le patate. Fai tostare 4 fette di pane, tagliale a dadini e lasciale da parte.
Dopo aver tritato la cipolla falla dorare in un tegame assieme all'olio e allo
spicchio d'aglio. Togli l'aglio, aggiungi le patate e lascia insaporire per qualche
minuto mescolando. A questo punto aggiungi la lattuga, sala leggermente
e fai insaporire il tutto ancora per un paio di minuti.
Aggiungi il brodo e cuoci per 20-30 minuti a fuoco moderato con il coperchio
(oppure per 10 minuti dal fischio in pentola a pressione). Prima di spegnere
la fiamma aggiungi il latte o la panna, il formaggio grattugiato e mescola ancora
per un paio di minuti. A cottura ultimata frulla il tutto con l'ausilio di un mixer
a immersione. Servi la crema ben calda tuffandovi i crostini di pane.

**Variante**

Al posto della lattuga puoi usare l'indivia che tenderà ad avere un retrogusto
leggermente amarognolo.

*sale q.b.*

# Crema di zucca

700 g di zucca già pulita (circa 900 g
di zucca intera), 100 g di patate,
1 porro o 1 scalogno, 30 g di olio
extravergine d'oliva, 100 ml di latte intero,
4 cucchiai di formaggio grattugiato
(parmigiano o grana o montasio),
½ l di acqua, una spolverata di cannella,
sale q.b.

Taglia le patate e la zucca a tocchetti. In un tegame fai
appassire a fuoco dolce il porro o lo scalogno tritato. Aggiungi
la patata e la zucca e, dopo avere salato leggermente, lascia
insaporire qualche minuto a fuoco vivace mescolando.
Aggiungi l'acqua (meglio se bollente) e lascia cuocere a fuoco
moderato con un coperchio per circa 20 minuti o finché non
sarà possibile schiacciare la patata e la zucca con una forchetta
(se necessario aggiungendo altra acqua). A questo punto
unisci il latte, il formaggio grattugiato e continua la cottura
per un paio di minuti mescolando delicatamente.
Spegni la fiamma e frulla con un frullatore a immersione.
Servi la crema così ottenuta ben calda,
aggiungendo una spolverata
di cannella.

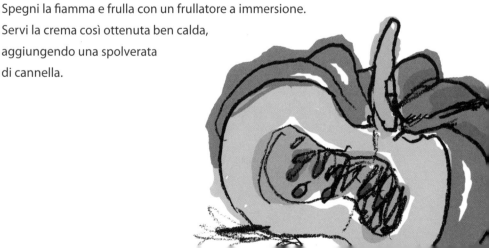

# Vellutata di pomodori e patate

1 kg di patate, 400 g di passata
di pomodoro, 1 cipolla bianca,
1 foglia di alloro, 1,5 l di acqua,
2-3 cucchiai di olio extravergine d'oliva,
sale q.b., peperoncino se gradito,
200 g di pane tostato.

Fai soffriggere la cipolla nell'olio assieme alla foglia
di alloro per cinque minuti, poi aggiungi le patate tagliate
a tocchetti. Falle insaporire, coprile con l'acqua e fai cuocere
per una ventina di minuti. Intanto, in un' altra pentola,
metti il pomodoro, un po' di olio extravergine d'oliva,
il sale, il peperoncino e fai cuocere fino a far ritirare la salsa.
Se fosse leggermente acida, aggiungi un pizzico di zucchero.
Quando saranno cotte, frulla le patate con un frullatore
a immersione e unisci il pomodoro. Servi la vellutata
con il pane tostato.

# Vellutata di pisellini e menta

600 g di pisellini freschi o surgelati,
1 l di brodo di pollo o vegetale,
1 carota media, 1 costa di sedano,
1 cipolla, 1 spicchio d'aglio,
2-3 cucchiai di olio extravergine d'oliva,
1 mazzetto di menta fresca,
sale q.b., 200 g di pane tostato.

Menta

Taglia grossolanamente la carota, il sedano e la cipolla e falli
insaporire a fuoco vivace in una pentola, assieme all'olio e allo
spicchio di aglio. Nel frattempo porta a bollore del brodo
di pollo o vegetale. Quando la cipolla sarà dorata
e le carote ammorbidite, aggiungi i pisellini e, dopo aver salato
leggermente, lasciali insaporire. Aggiungi il brodo bollente
e lascia sobbollire la minestra a fiamma bassa con il coperchio
per almeno 20 minuti. Quando i pisellini saranno cotti spegni
la fiamma, aggiungi le foglie di menta e frulla tutto con un
frullatore a immersione. Servi la vellutata con il pane tostato.

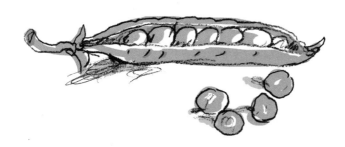

## 26 Stracciatella alla romana

4 uova intere, 1 l di brodo (di carne o vegetale), 4 cucchiai di formaggio grattugiato (parmigiano o grana), noce moscata, prezzemolo tritato (a tua discrezione).

In una ciotola sbatti le uova con il formaggio e la noce moscata. Porta a bollore il brodo e versaci le uova sbattute mescolando velocemente così da formare tanti piccoli "stracci". Servi subito aggiungendo, a tua discrezione, del prezzemolo tritato.

# Risotto con i carciofi

320 g di riso superfino, 4 carciofi,
1 limone, 1 spicchio d'aglio,
2-3 cucchiai di olio extravergine d'oliva,
1 l di brodo di pollo o vegetale,
5 cucchiai di formaggio grattugiato
(parmigiano o grana), 1 ciuffo
di prezzemolo, qualche foglia di menta
(fresca o secca), sale q.b., 1 noce di burro.

Dopo aver mondato i carciofi, mettili a bagno con acqua
e succo di limone per non farli annerire.
In una casseruola soffriggi l'aglio nell'olio. Aggiungi i carciofi
tagliati a fettine, un po' di sale, la menta e lascia insaporire
a fuoco vivace mescolando con un cucchiaio di legno.
Aggiungi il riso, fallo rosolare con i carciofi finché non avrà
uniformemente assorbito il condimento e portalo a cottura
aggiungendo il brodo bollente e mescolando di tanto in tanto.
Dopo circa 20 minuti (il risotto deve rimanere piuttosto "lento")
spegni la fiamma, aggiungi il prezzemolo tritato, la noce
di burro, il formaggio grattugiato e mescola velocemente.

**Variante**

Si possono sostituire i carciofi con 4 zucchine, 300 g di asparagi
o 500 g di zucca.

capolini di carciofo

cynara cardunculus

# Risotto con radicchio rosso e salsiccia

28

320 g di riso superfino,
1 cespo di radicchio rosso, 1 salsiccia,
½ cipolla, 2-3 cucchiai di olio
extravergine d'oliva, 1 l di brodo di pollo
o vegetale, 5 cucchiai di formaggio
grattugiato (parmigiano o grana),
sale q.b., 1 noce di burro.

Pulisci il cespo di radicchio e taglialo a listarelle. In una
casseruola fai rosolare la cipolla con l'olio, aggiungi la salsiccia
e il radicchio e lasciali insaporire. Aggiungi il riso, fallo rosolare
finché è quasi trasparente e portalo a cottura con il brodo
preparato con il dado, mescolando di tanto in tanto.
A cottura ultimata, spegni il fuoco e condisci con la noce
di burro e il formaggio grattugiato, fai riposare alcuni minuti
prima di servire.

# Pasta con i broccoli

600 g di broccoli verdi,
300-400 g di pasta corta, 4 acciughe
sotto sale o sott'olio, 3-4 cucchiai di olio
extravergine d'oliva, 2 spicchi d'aglio,
peperoncino se gradito, sale q.b.

Monda i broccoli spellando i gambi e dividendoli in cimette.
Lessali per 15 minuti in una pentola (oppure per 3 minuti
dal fischio in pentola a pressione) quindi scolali tenendo
da parte l'acqua di cottura. In una larga padella metti l'olio,
l'aglio, il peperoncino e le acciughe divise a metà.
Fai rosolare, schiacciando le acciughe con la forchetta, quindi
togli l'aglio e aggiungi la verdura facendola insaporire
per un paio di minuti.
Contemporaneamente fai cuocere la pasta corta in abbondante
acqua salata, a cui puoi aggiungere anche l'acqua di cottura
della verdura. Scolala al dente e mettila nella padella con il sugo
di verdura. Lasciala insaporire per qualche minuto mescolando
con delicatezza.
Segreto: non far cuocere troppo la verdura che in questo
modo conserva una certa consistenza e trattiene una maggior
quantità di principi nutritivi.

# Pasta con il cavolfiore alla siciliana

30

600 g di cavolfiore, 300-400 g di pasta
corta, 4 acciughe sotto sale o sott'olio,
2 cucchiai di uvetta sultanina,
2 cucchiai di pinoli, 1 bustina di zafferano,
3-4 cucchiai di olio extravergine d'oliva,
1 cipolla, sale q.b.

Cuoci il cavolfiore seguendo le indicazioni per i broccoli
della ricetta precedente.

Fai rosolare in una larga padella la cipolla, l'uvetta sultanina
precedentemente rinvenuta in acqua tiepida per qualche
minuto, i pinoli e la bustina di zafferano sciolta in un mestolo
di acqua di cottura della verdura.

Unisci le acciughe e il cavolfiore e fai insaporire mescolando
con delicatezza. Procedi con la pasta come descritto nella
ricetta precedente.

# Pasta con i fagiolini

600 g di fagiolini freschi o surgelati,
300-400 g di pasta corta, 1 spicchio d'aglio,
5-6 foglie di basilico fresco, 4 cucchiai
di formaggio grattugiato, 4-5 cucchiai
di olio extravergine d'oliva, sale q.b.

Lessa i fagiolini nel cestello della pentola a pressione
facendoli rimanere al dente. Nel frattempo in una terrina,
sufficientemente grande da poterci condire la pasta, rompi
uno spicchio d'aglio a metà (così da poterlo rimuovere
facilmente), aggiungi l'olio, il formaggio grattugiato
e le foglie di basilico spezzettate grossolanamente.
Quando i fagiolini saranno cotti, lasciali raffreddare un po'
e aggiungili all'intingolo già preparato tagliuzzandoli
in pezzetti di un paio di centimetri.
Mescola accuratamente con un cucchiaio e lascia riposare
per un po' (sarebbe meglio per almeno un'ora), così da far
amalgamare gli ingredienti tra loro. Lessa la pasta e tuffala
nel condimento.

grana + pecorino

# Pasta al finocchio e curry di Adriano

32

2 finocchi medi, 1 cipolla,
300-400 g di pasta corta,
3-4 cucchiai di olio extravergine d'oliva,
2 cucchiaini di curry, sale q.b.

Fai rosolare nell'olio la cipolla tritata e nel frattempo
lava e riduci i finocchi in fettine sottilissime.
Aggiungile al soffritto e fai cuocere a fuoco vivace
per circa 10 minuti. Spolvera con il curry, chiudi con
un coperchio e fai andare per altri 5 minuti. Nel frattempo
lessa in acqua salata la pasta di semola di grano duro, tipo
penne rigate. Se necessario allunga il condimento di finocchi
con un po' d'acqua di cottura della pasta. Quando è cotta,
scola la pasta, tuffala nel condimento e servi.

# Minestra di porri e patate

250 g di porri, 230 g di patate, 1 carota,
1 costa di sedano, 1 cipolla, 1 spicchio
d'aglio, 2 cucchiai di olio extravergine
d'oliva, 1 l di brodo vegetale.

✳ Aggiungi carota, cipolla
e sedano, porri ed aglio

Monda e taglia le verdure a cubetti. Scalda l'olio in una
pentola, aggiungi la cipolla, la carota, il sedano, i porri
e lo spicchio d'aglio tagliato e cuoci il tutto per 10 minuti.
Aggiungi le patate, mescola bene e unisci anche il brodo.
Lascia sobbollire, abbassando la fiamma, per 10 minuti
con il coperchio. Aggiusta di sale e servi così com'è, oppure
passa tutto con un frullatore a immersione finché non diventa
una vellutata.

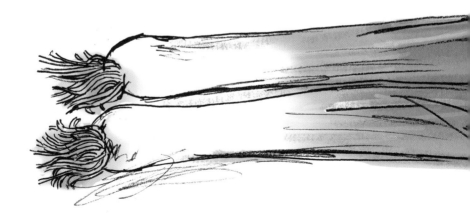

## 34 Minestra di cavolfiore semplicissima

½ cavolfiore, 160 g di riso,
1 l di brodo vegetale, olio extravergine
d'oliva, formaggio grattugiato, sale q.b.

Fai cuocere contemporaneamente, nel brodo, il riso
e il cavolfiore, accuratamente pulito e diviso in cimette,
per circa 20 minuti.
Servi con un filo d'olio a crudo e formaggio grattato.
**Variante "semplice"**
Per rendere la minestra più saporita puoi far rosolare
in 2 cucchiai d'olio le cimette di cavolfiore con 1 scalogno
o ½ cipolla e 3-4 cucchiai di pomodoro. Lascia insaporire
mescolando e quindi aggiungi il brodo e il riso.

# Orzotto ai funghi

300 g di orzo perlato (esiste anche
precotto), 50 g di funghi secchi (o 250 g
di funghi freschi), ½ cipolla bianca,
½ bicchiere di vino bianco secco,
1 rametto di rosmarino,
4 steli di erba cipollina, 1,5 l di brodo,
2 cucchiai di olio extravergine di oliva,
1 noce di burro, sale q.b.

Ammolla i funghi secchi per 5 minuti in acqua tiepida,
cambiandola finché non risulta pulita e quindi strizzali.
Trita finemente la cipolla e falla imbiondire nell'olio.
Unisci i funghi e lasciali insaporire per alcuni minuti.
Metti l'orzo nella pentola, sala, mescola, versa il vino e fallo
evaporare a fuoco medio. Inizia quindi ad aggiungere
a mestoli il brodo finché sarà stato completamente assorbito.
Quando l'orzo sarà cotto (circa 40 minuti se non usi quello
precotto) spegni il fuoco e manteca con una noce di burro
e il formaggio grana.
Profuma con un trito di rosmarino ed erba cipollina.

# La pappa al pomodoro

36

400 g di pomodori freschi o polpa
di pomodoro, 250 g di pane casalingo
(meglio se raffermo), 4 foglie di basilico,
1 pezzettino di zenzero fresco,
1 cucchiaio di concentrato di pomodoro,
4 cucchiai di olio extravergine d'oliva,
800 ml di brodo vegetale, sale q.b.

Versa l'olio in un tegame e fai rosolare lo zenzero fresco tritato
con l'aglio e il basilico. Aggiungi il concentrato, la polpa
di pomodoro (o i pomodori freschi precedentemente scottati
e pelati), il sale e fai cuocere fino a raggiungere il bollore.
Aggiungi quindi il brodo, unisci il pane tagliato a fettine sottili
e cuoci per qualche minuto. Leva il tegame dal fuoco
e lascia riposare con il coperchio (i toscani consigliano un'ora).
Prima di servire, rimescola bene gli ingredienti e riscalda. Nel piatto
puoi aggiungere un filo di olio a crudo e guarnire con del basilico.
Ricorda: la pappa al pomodoro può essere servita fredda, tiepida
o riscaldata a seconda dei gusti. Il vantaggio di questo piatto
è che si può preparare in anticipo e poi riscaldarlo.

**Variante**

Se siete amanti dei piatti unici, una buona idea è aggiungere
alla pappa, quando sta ancora cuocendo, 2 uova sbattute.

POMODORO

W la pappa

# Secondi piatti

Le ricette che vi proponiamo in questo capitolo sono a base
di proteine (carne, pesce, legumi, uova, formaggio)
ma non includono carboidrati in quantità significative.
I piatti contengono spesso già qualche tipo di verdura,
ma è sempre buona norma proporli assieme a un contorno
di verdure (vedi il capitolo Contorni).
Ricordati che puoi accompagnare queste ricette
a una fonte di carboidrati (pane, patate, riso, polenta
e altri cereali) trasformandole così in piatti unici.

# Tonno con i piselli

500 g di tonno fresco,
350 g di pisellini freschi (o surgelati),
400 g di polpa di pomodoro fresca
o in conserva, 3 cucchiai d'olio extravergine
d'oliva, 1 cipolla, 1 carota,
1 costa di sedano, sale q.b.

*Tonno: OMEGA 3, proteine potassio, selenio, vitamina B12*

Metti a rosolare in una padella l'olio con il battuto di cipolla,
sedano e carota, unisci la salsa di pomodoro e fai cuocere
per 10 minuti a fuoco medio.

Aggiungi il tonno precedentemente tagliato a listarelle, i piselli
e sala. Fai cuocere per circa 30 minuti e servi caldo.

Questo piatto rimarrà molto sugoso ed è ottimo per gli adulti
che amano "fare scarpetta" con il pane, mentre per i bimbi più
piccoli può essere utilizzato anche come base per aggiungerci
semolino, riso o pastina a seconda dei gusti.

In entrambi i casi, con l'aggiunta dei carboidrati è un piatto
unico completo!

# Filetti di cernia in teglia al pomodoro

800 g di filetti di cernia o altro pesce,
600 g di pomodori maturi, 1 cipolla,
1 spicchio d'aglio, 30 g di capperi
sott'aceto, 4-5 cucchiai di olio extravergine
d'oliva, origano, ½ bicchiere di vino
bianco secco, sale q.b.

In una teglia di medie dimensioni leggermente unta con l'olio,
disponi i filetti di pesce in un unico strato (se la pelle è ancora
presente rivolgila verso il basso).
Spella e priva dei semi i pomodori, che taglierai a fette regolari.
Trita la cipolla con lo spicchio d'aglio e i capperi e disponi
il composto così ottenuto sopra i filetti di pesce.
Disponi quindi le fette di pomodoro sopra il trito,
sovrapponendole leggermente. Condisci il tutto con
poco sale, una spolverata di origano e l'olio rimasto.
Metti la teglia in forno molto caldo (circa 200°) e, dopo
più o meno 5 minuti di cottura, spruzza il pesce con il vino
bianco.
Una volta rimessa la teglia nel forno, lascia cuocere per altri
7-10 minuti o finché il pesce ti sembra cotto (ma non troppo
asciutto!). Prima di servire raccogli il fondo di cottura
con un cucchiaio e distribuiscilo sul pesce.

# Sogliola all'arancia

40

600 g di filetti di sogliola, 1 arancia,
200 ml di latte, 40 g di burro, farina
per infarinare i filetti di pesce,
sale q.b.

Metti a bagno nel latte i filetti di sogliola per circa 5 minuti.
Una volta sgocciolati dal latte (che non dovrai buttare!)
infarinali, lasciando cadere la farina in eccesso.
Nel frattempo fai sciogliere in una padella il burro a fuoco
dolce, quindi disponi i filetti di sogliola in modo da non
sovrapporli, e falli dorare su entrambi i lati dopo averli
leggermente salati. Aggiungi il succo dell'arancia (dalla quale,
a piacere, potrai grattugiare anche un po' di scorza)
e fai evaporare per un paio di minuti. Aggiungi, infine, il latte
in cui erano a bagno i filetti di pesce e, abbassando la fiamma
al minimo, continua la cottura dei filetti con un coperchio
finché il liquido di cottura non sarà diventato cremoso.
Prima di servire, raccogli il fondo di cottura con un cucchiaio
e distribuiscilo sul pesce.

# Uova in trippa

6 uova, 400 g di polpa di pomodoro
fresca o in conserva, 1 cipolla piccola,
1 spicchio d' aglio, 2 cucchiai di olio
extravergine d'oliva, qualche foglia
di menta fresca, formaggio
grattugiato a piacimento.

Prepara 3 frittate a base di 2 uova ciascuna.

In una casseruola fai appassire con l'olio la cipolla sottilmente
affettata e lo spicchio d'aglio, aggiungi la salsa di pomodoro,
fai sobbollire per qualche minuto e aggiusta di sale.

Taglia le frittate a striscioline larghe 1-2 cm (come se fosse
trippa) e uniscile al sugo. Fai sobbollire per circa 5 minuti,
mescolando poco e con delicatezza.

Aggiungi infine la menta tagliata grossolanamente.

Sei uova intere

# Frittata con spinaci e stracchino

6 uova, 400 g di spinaci,
80 g di stracchino, 2 cucchiai di olio
extravergine d'oliva, 4 cucchiai di latte,
2 cucchiai di grana grattugiato,
1 spicchio d'aglio, sale q.b., un pizzico
di zenzero se gradito.

"Chi è che non sappia fare le frittate? E chi è nel mondo che in vita
sua non abbia mai fatto una qualche frittata? Pure non sarà del tutto
superfluo dirne due parole. Le uova per le frittate non è bene frullarle
troppo: disfatele in una scodella colla forchetta e quando vedrete
le chiare sciolte e immedesimate col tuorlo, smettete."
Pellegrino Artusi (1820-1911)

Lava gli spinaci e falli cuocere direttamente in una padella
con lo spicchio d'aglio, un cucchiaio d'olio e un pizzico di sale.
Coprili con un coperchio per 5-6 minuti, poi lasciali raffreddare
e tritali. Nel frattempo in una terrina capiente sbatti le uova
con il latte, il parmigiano, il sale, lo stracchino e il pizzico
di zenzero.
Unisci gli spinaci e procedi alla cottura: scalda una padella
con un filo d'olio extravergine e quando sarà abbastanza calda
versa il contenuto della terrina.
Muovi la padella in modo che la frittata sia ben distribuita sulla
superficie e abbassa il fuoco. Quindi copri con un coperchio.
Fai cuocere da entrambi i lati per 10 minuti, facendo
attenzione quando la giri.
Ricorda che gli spinaci possono essere sostituiti da qualsiasi
altra verdura di stagione.

# Polpettine di carne al pomodoro

43

400 g di carne macinata di manzo o vitello
o arista di maiale oppure mista
(es. 150 g di manzo o vitello + 150 g
di tacchino o pollo + 100 g di arista
di maiale o luganiga), 50 g di pangrattato,
1 uovo, 50 g di formaggio grattugiato
(parmigiano o grana o montasio),
1 ciuffo di prezzemolo tritato,
½ spicchio d'aglio (a discrezione),
scorza di limone, una spolverata
di noce moscata, sale q.b.

Per il sugo di pomodoro:
400 g di polpa di pomodoro fresca
o in conserva, 1 piccola cipolla,
1 spicchio d'aglio, 2 cucchiai di olio
extravergine d'oliva, qualche foglia
di basilico fresco.

Trita l'aglio, il prezzemolo e grattugia la scorza del limone.
In una ciotola capiente unisci e mescola tutti gli ingredienti fino a ottenere
un impasto sodo e omogeneo.
Con le mani leggermente infarinate, ricava dall'impasto delle palline di carne
di dimensioni tali che possano rimanere chiuse nel palmo della mano.
Per la cottura usa un tegame basso e largo. Aggiungi la polpa di pomodoro e,
dopo aver salato leggermente, fai cuocere a fuoco vivace per 10-15 minuti.
A questo punto aggiungi le polpettine di carne, cercando di girarle in modo
da far cominciare la cottura della carne in maniera omogenea.
Continua la cottura con coperchio per circa 15 minuti, muovendo il tegame
di tanto in tanto. A fine cottura aggiungi le foglie di basilico e lascia riposare
per qualche minuto.

**Variante**

Le stesse polpette possono essere cucinate "in bianco" con della cipolla
e una spruzzata di vino bianco secco.

# 44 Polpette arlecchino di nonna Giuliana

4 patate, 4 carote, 1 zucchina,
1 uovo, 5 cucchiai abbondanti
di formaggio grattugiato,
3-4 cucchiai di pangrattato, sale q.b.

Lessa le verdure e schiacciale con una forchetta, unisci l'uovo,
il formaggio grattugiato e un pizzico di sale.
Ricava dall'impasto delle palline rotonde che passerai
nel pangrattato. Appoggiale sulla carta oleata e cuocile
al forno preriscaldato a 180° per 15 minuti.

patate, carote, zucchine

# Polpette ricotta e prosciutto

400 g di ricotta vaccina (ma puoi usare
anche quella di capra o pecora o mista),
150 g di prosciutto cotto, 1 uovo,
3-4 cucchiai di pangrattato,
2 cucchiai di olio extravergine d'oliva,
sale q.b.

In una terrina unisci la ricotta, il prosciutto cotto
precedentemente tritato, l'uovo e un pizzico di sale.
Dopo aver ottenuto un impasto omogeneo, usalo
per preparare le polpette e passale nel pangrattato.
Rosola le polpette in una padella unta con l'olio, e servi.

ricotta

# Gli hamburger di Adro

400 g di carne di manzo macinata, 1 uovo,
1 spicchio d'aglio, ½ cipolla,
un pugno di mollica di pane
precedentemente bagnata nel latte
e strizzata, 1 ciuffo di prezzemolo,
il succo di ½ limone, 2 cucchiai di olio
extravergine d'oliva, sale e pepe q.b.

pressa
x hambur

In una terrina impasta la carne con l'uovo, la cipolla e l'aglio
tritati finemente. Aggiungi la mollica, il prezzemolo e il succo
di limone. Schiaccia la carne con le mani (o utilizza l'apposita
pressa) in modo da formare 4-5 hamburger. Cuoci in una
padella con un filo di olio extravergine d'oliva per una decina
di minuti.

**Variante**

Puoi utilizzare solo metà della carne e aggiungere invece
un trito di verdura (ad esempio carote, zucchine o melanzane).

Hamburger

# Fegato alla veneziana

400 g di fegato di vitello,
1 kg di cipolle bianche,
3 cucchiai di olio extravergine di oliva,
prezzemolo (a discrezione).

affettare le cipolle

Dopo aver mondato e affettato le cipolle, falle cuocere
in una padella a fuoco moderato con l'olio finché
non saranno completamente appassite (se necessario
aggiungi dell'acqua tiepida).
Nel frattempo, taglia il fegato dapprima a fette piuttosto
sottili e poi a striscioline. Quando la cipolla sarà pronta,
aggiungi il fegato e un po' di sale, alza la fiamma e fallo
rosolare uniformemente con l'aiuto di una spatola.
Prima di servire puoi aggiungere del prezzemolo tritato.

# Bocconcini di petti di pollo alle mandorle dolci

48

400 g di petto di pollo (o fesa di tacchino),
½ cipolla, una manciata di mandorle
dolci pelate, 3 cucchiai di farina bianca,
3-4 cucchiai di olio extravergine d'oliva,
½ cucchiaino di curry (o curcuma) e una
punta di zafferano (se vi piace!), sale q.b.

Taglia a dadini il petto di pollo e infarinalo eliminando la farina
in eccesso. Nel frattempo, in un tegame, fai appassire a fuoco
lento la cipolla con l'olio.
Aggiungi la carne, le mandorle (meglio se tostate
preventivamente, ponendole semplicemente a fuoco molto
basso in una padella antiaderente).
Lascia insaporire mescolando a fuoco vivace e quindi aggiungi
un bicchiere di acqua in cui diluirai il curry e lo zafferano.
Abbassa la fiamma e fai andare senza coperchio per 15-20
minuti fino a ultimare la cottura del pollo.

**Variante**

Se in famiglia siete più propensi ai piatti unici, puoi preparare
del riso basmati o thai, oppure del cous cous a parte.

# Cosce di pollo in casseruola con olive

4 fusi di pollo, 2 cucchiai di olio
extravergine d'oliva,1 spicchio d'aglio,
1 rametto di rosmarino, ½ bicchiere
di vino bianco secco, 1 manciata di olive
nere itrane (tipo Gaeta) o taggiasche,
1 dito di aceto balsamico,
acqua di rubinetto tiepida
e sale q.b.

In una casseruola, disponi i fusi di pollo privati della pelle
con l'olio e l'aglio in camicia. Dopo aver salato leggermente
la carne, lasciala rosolare a fuoco vivace aggiungendo
il rosmarino. Quando la carne sarà uniformemente dorata,
bagnala con il vino e lascialo evaporare completamente
lasciando la fiamma vivace.
Aggiungi ora l'acqua e porta a cottura la carne a fuoco molto
lento con un coperchio.
Quando la carne sarà cotta e l'acqua di cottura completamente
consumata, togli il coperchio, aggiungi le olive, una spruzzata
di aceto balsamico e lascia insaporire e rosolare leggermente
il pollo, girandolo per qualche minuto a fuoco molto vivace.
Le indicazioni di questa ricetta possono essere utilizzate anche
per la carne di coniglio.
Al posto dell'acqua, puoi utilizzare 200 g di pomodori pelati.

olive di GAETA o taggiasche

# 50 Spezzatino ai porri

400 g di carne di manzo (tagli consigliati: muscolo, guanciale o cappello del prete) o vitello, 3-4 porri, 2 pugni di farina bianca, 1 carota, 1 cipolla, 1 gambo di sedano, ½ bicchiere di brodo, 2 cucchiai di olio extravergine d'oliva, sale q.b.

Taglia a cubetti la carne e infarinala. Riscalda in una casseruola l'olio e fai appassire la carota, la cipolla e il gambo di sedano tagliato a dadini.

Aggiungi la carne, falla rosolare uniformemente e quindi unisci il brodo. Copri e lascia cuocere per 50 minuti. Aggiungi i porri mondati, lavati e tagliati a rondelle, regola di sale e continua a far andare mescolando di tanto in tanto. È pronto quando la carne è ben cotta e tenera.

Se vuoi uno spezzatino ancora più appetitoso, mescola a parte 2 cucchiai di panna, 2 cucchiai di yogurt, 2 cucchiai di erba cipollina sforbiciata e un pizzico di sale.

Aggiungi il tutto a fuoco bassissimo alla carne già pronta, amalgama velocemente e servi immediatamente.

**Variante piatto unico**

Accompagnalo con del riso bianco oppure con la polenta.

# Coniglio con bacche di ginepro

1 coniglio tagliato a pezzi, 1 cucchiaino
colmo di bacche di ginepro,
1 rametto di rosmarino, ½ bicchiere scarso
di olio extravergine d'oliva,
1 bicchiere di vino bianco, una decina
di olive nere, 1 cucchiaino di sale grosso.

Mescola in una ciotola olio, vino, sale grosso, bacche
di ginepro, rosmarino e metti a marinare i pezzi
di coniglio per almeno un paio d'ore.
Scola i pezzi di carne e rosolali in una padella antiaderente.
Man mano che i succhi asciugano, versa cucchiaiate della
marinata, compresi gli aromi, sulla carne.
A fine cottura, dopo circa 50 minuti, aggiungi le olive nere,
lascia insaporire ancora un po' e togli dal fuoco.

# 52 Lenticchie all'umbra

250 g di lenticchie, 200 g di pomodori
pelati o a pezzi, 4 cucchiai di olio
extravergine d'oliva, 2 spicchi d'aglio,
1 ciuffo di prezzemolo,
1 l di brodo vegetale, sale q.b.

Metti le lenticchie in una pentola d' acqua fredda, sala
e fai bollire per 30-35 minuti. Nel frattempo scalda l'olio
in un tegame e rosola dolcemente l'aglio.
Aggiungi il prezzemolo, unisci i pomodori e falli cuocere
per circa 20 minuti. Infine aggiungi le lenticchie scolate
e il brodo e fai cuocere per altri 20 minuti. Servi ben caldo.
**Variante piatto unico**
Accompagnalo con pane fresco tostato disposto sul fondo
del piatto, o con riso basmati o thai in bianco.

# Baccalà alla vicentina di nonna Rita

1 kg di baccalà "ragno" battuto e bagnato,
350 ml di olio extravergine d'oliva,
250 ml di latte, 3-4 acciughe sotto sale,
1 scatola da 180 g di tonno al naturale,
1 ciuffo di prezzemolo, 3-4 spicchi d'aglio,
2 manciate di farina bianca,
sale e pepe q.b.

Apri il pesce per il lungo, togli la lisca e tutte le spine.
Taglialo a tocchi e infarinalo. Scalda metà dell'olio e friggi
il baccalà infarinato fino a dorarlo su entrambi i lati.
Contemporaneamente in una casseruola possibilmente di terracotta,
soffriggi nell'olio restante l'aglio tritato, le acciughe lavate, diliscate,
tagliate a tocchetti e il tonno sminuzzato. Dopo circa 5 minuti o comunque
quando le acciughe sono ben sciolte, aggiungi il prezzemolo tritato
e un pizzico di sale e pepe. Unisci al soffritto il baccalà con il suo olio
di cottura, abbassa la fiamma al minimo e copri con il latte. Fai sobbollire,
copri con il coperchio e cuoci a fuoco minimo per circa 3 ore.
Per avere una cottura del baccalà più dolce e lenta utilizza
uno spandi fiamma in ghisa.
Il baccalà si accompagna meravigliosamente con la polenta.

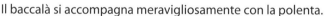

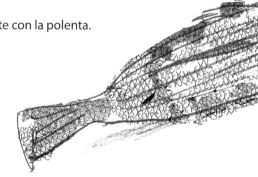

# 54   Zucchine ripiene

6 zucchine grandi, 200 g di carne trita,
100 g di ricotta, 1 uovo, 5 cucchiai
di formaggio grattugiato (parmigiano
o grana), 1 panino raffermo,
1 bicchiere di latte, origano,
sale e pepe q.b.

Lava le zucchine, elimina le estremità quindi tagliale a metà
per il lungo, svuotale con un cucchiaino mettendo da parte
la polpa di 4 zucchine e salale.
Nel frattempo lascia ammorbidire in una ciotola il pane
raffermo con il latte. Unisci in una terrina la polpa sminuzzata
delle zucchine, la carne trita, l'uovo, la ricotta, il formaggio
e il pane ammollato ben strizzato.
Mescola il tutto con una forchetta, aggiungi l'origano,
aggiusta di sale e pepe e riempi le zucchine.
Disponi le zucchine ripiene in una teglia oliata, aggiungi
sul fondo un filo d'acqua per non farle attaccare e cuocile
nel forno a 180° per circa 25-30 minuti.

# Contorni

Le ricette che vi proponiamo in questo capitolo sono
quelle che tipicamente associamo all'idea di contorni,
ma non sono necessariamente a base di sole verdure.
Le patate, ad esempio, contengono carboidrati
e se accompagnate a un piatto a base di proteine,
come ad esempio uno dei nostri secondi, lo trasformano
in un piatto unico.
Cerca di mettere sempre in tavola della verdura cotta o cruda.
Col tempo anche il tuo bambino si abituerà a considerarla
parte integrante del pasto. Lo puoi aiutare dandogli in mano,
già da piccolo, un pezzo di verdura fresca da succhiare.

# Purè di patate

500 g di patate bianche e farinose,
2 noci di burro, 1 bicchiere di latte,
noce moscata, sale q.b.

Lessa le patate in acqua salata, pelale e passale nello schiacciapatate
o schiacciale con una forchetta. Fai sciogliere il burro
in una casseruola, versa il passato di patate e asciugalo a fuoco basso
per pochi minuti, mescolando continuamente. Versa a poco a poco
il bicchiere di latte fino a raggiungere la consistenza desiderata
e aggiungi un pizzico di sale.
Il purè va sempre lavorato col cucchiaio di legno e deve risultare
leggero e morbido. Dovrebbe essere preparato all'ultimo momento,
ma se lo devi riscaldare, aggiungi poco latte e lavoralo energicamente
affinché ritorni soffice.
Se in famiglia lo gradite, puoi aggiungere una grattata di noce moscata.

# Patate alla Duchessa

600 g di patate bianche e farinose,
2 noci di burro, 2 uova,
noce moscata, sale e pepe q.b.

Lessa le patate in acqua salata, pelale e passale
nello schiacciapatate o schiacciale con una forchetta.
Fai asciugare in una casseruola con il burro il sale e la noce
moscata, a fuoco basso, mescolando. Togli dal fuoco, lascia
intiepidire e aggiungi 2 uova sbattute.
Aggiusta di sale e, usando un cucchiaio, forma delle piccole
meringhe che disporrai su una teglia da forno (se hai una tasca
da pasticcere l'effetto sarà ancora più decorativo).
Fai cuocere in forno caldo per 15 minuti.

# 58 Patate in tecia

5 patate di media grandezza, 1 cipolla,
1 manciata di pancetta a dadini,
3-4 cucchiai di olio extravergine d'oliva,
sale e pepe q.b.

Lessa le patate in acqua salata, pelale e tagliale a tocchetti.
A parte, in una padella, fai soffriggere la cipolla tagliata
a fettine sottili e unisci la pancetta.
Aggiungi le patate, mescola vigorosamente e aggiusta di sale
e pepe. Distribuiscile uniformemente nella padella e cuoci
il tutto finché le patate non avranno formato una crosticina
dorata, rimestandole di tanto in tanto per consentire
una "bruciacchiatura" uniforme.

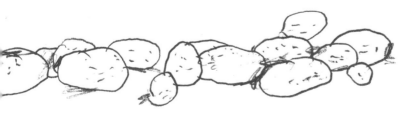

# Barchette di melanzane

3 melanzane di media grandezza,
400 g di pomodorini, 1 spicchio d'aglio,
1 ciuffo di prezzemolo, 3 rametti di basilico,
4 cucchiai di olio extravergine d'oliva,
3-4 cucchiai di pangrattato,
1 spolverata di origano, sale q.b.

Dopo aver mondato e lavato le melanzane, tagliale a metà
nel senso della lunghezza e con l'aiuto di un coltellino affilato
rimuovi quanto più possibile la polpa senza rompere le pareti
della "barchetta".
Separatamente taglia a dadini molto piccoli i pomodorini
e la polpa delle melanzane, trasferiscili in una scodella
aggiungendo l'aglio schiacciato, il prezzemolo e il basilico
tritati, l'origano, il sale e l'olio e mescola accuratamente.
In una teglia da forno (antiaderente o "foderata" con della carta
da forno) disponi le barchette di melanzana e riempile
con il composto preparato.
Fai cuocere in forno a 180° per circa mezz'ora, aggiungendo
un goccio d'acqua se vedi che le melanzane sono troppo
asciutte o rischiano di attaccarsi sul fondo della teglia.

**Variante**

Si può preparare la stessa ricetta anche con altre verdure
come zucchine, pomodori e cipolle.

# Carote al latte della mamma di Claudia

8 carote, 1 bicchiere di latte, 4 cucchiai
di grana grattugiato, 3 cucchiai di olio
extravergine d'oliva, ½ bicchiere d'acqua,
noce moscata, pepe, sale q.b.

Raschia le carote e tagliale in 4 parti nel senso della lunghezza.
In una padella metti le carote, l'olio, il sale, un pizzico di noce
moscata e il mezzo bicchiere d'acqua e fai rosolare.
Aggiungi metà del latte e continua la cottura per qualche
minuto sempre mescolando; poi versa anche il latte rimasto
e lascia cuocere con il coperchio a fuoco lento per 15 minuti
o comunque fino a che le carote non diventeranno tenere.
Spolvera con il formaggio e cuoci fino a che questo non
si scioglie; spolvera con il pepe e servi.

**Variante**

Puoi preparare la stessa ricetta utilizzando gli spinaci.

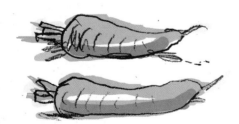

# Bietole a costa al gratin

1 kg di bietole a costa, 60 g di parmigiano,
60 g di emmental, 1 noce di burro,
3-4 cucchiai di pangrattato.

Lessa le bietole a coste e separa la parte bianca da quella
verde. Prepara a parte il parmigiano e l'emmental riducendoli
a scaglie sottili.

Imburra una pirofila, disponi uno strato di coste e su queste,
metà dei formaggi affettati e qualche fiocchetto di burro.
Fai un secondo strato, spolvera con il pangrattato e gratina
in forno caldo per circa 15 minuti o finché il formaggio
non si è sciolto e ha formato una crosticina dorata.

**Variante**

Puoi preparare la stessa ricetta utilizzando i finocchi,
i cavolfiori o la vostra verdura preferita sostituendo i formaggi
con la besciamella.

# Cimette di cavolfiore gratinate di mamma Anna

62

1 cavolfiore, ½ bicchiere di olio
extravergine d'oliva, 4 cucchiai di succo
di limone, 3 cucchiai di pangrattato,
3 cucchiai di formaggio grattugiato,
1 cucchiaio di zucchero di canna,
1 cucchiaino di sale, ½ cucchiaino di curry.

In una terrina fai una salsina con l'olio, il succo di limone,
lo zucchero di canna, il sale e il curry e lascia marinare
il cavolfiore mondato e diviso in cimette per una
ventina di minuti.
Scola il cavolfiore dalla marinatura, adagialo su una pirofila
e cospargi la superficie con il pangrattato e il formaggio
grattugiato. Metti in forno a 150-160° per 20 minuti
o comunque finché il cavolfiore non sarà cotto e si sarà
formata una crosticina dorata.

# Ratatouille

4 piccole melanzane, 2 peperoni,
4 pomodori, 1 cipolla, 2 zucchine,
2 spicchi d'aglio, timo, 1 foglia di alloro,
1 ciuffo di prezzemolo,
3-4 foglie di basilico, ½ bicchiere di olio
extravergine d'oliva.

Scalda in un tegame basso e largo la metà dell'olio indicato,
unisci le melanzane tagliate a fette, i peperoni tagliati a strisce,
i pomodori sbucciati, privati dei semi e tagliati a pezzi,
la cipolla affettata, le zucchine tagliate a fette sbieche, l'aglio,
il timo, la foglia di alloro, il prezzemolo tritato e il basilico
spezzettato. Condisci con un po' di sale e cuoci coperto a fuoco
basso per 35 minuti.
Unisci l'olio restante e cuoci scoperto a fuoco vivace finché
le verdure saranno tenere, ma non acquose.

# Asparagi in salsa saporita

500 g di asparagi verdi freschi o surgelati,
4 cucchiai di maionese, 1 cucchiaino
di senape, 2 cucchiai di panna,
1 cucchiaio di capperi,
1 cetriolino sottaceto,
un ciuffo di prezzemolo, sale q.b.

Cucina gli asparagi a vapore per circa 10 minuti salando
l'acqua, scolali ed elimina la parte non commestibile.
Taglia gli asparagi a metà nel senso della lunghezza e adagiali
su un piatto. Prepara la salsa unendo la senape già diluita
con la panna alla maionese, e poi i capperi, il cetriolino
e il prezzemolo tritati precedentemente nel mixer.
Versa la salsa sugli asparagi e servi.

**Variante**

Gli asparagi possono essere accompagnati da 4 uova sode
tagliate a spicchi.

tagliare le parti
x dure

# Piatti unici

Questo capitolo si trova alla fine del libro perché è il prodotto
delle infinite possibilità di combinazione delle ricette
dei capitoli precedenti. La caratteristica dei piatti unici
è quella di riunire carboidrati e proteine con o senza verdure.
Abbiamo voluto includere pietanze comuni alle quali spesso
non si pensa come piatti unici, ma che invece non richiedono
altro che un ricco contorno di verdura per fornire un pasto
semplice e bilanciato.

# Polenta e formaggio

66

400 g di farina gialla di mais,
1,5 l di acqua, 50 g di burro,
200 g di fontina (o edam o gorgonzola
o altro formaggio), 1 cucchiaino di sale.

Fai bollire l'acqua in un paiolo o in una pentola capace con il fondo pesante,
sala e versa a pioggia la farina, mescolando con il bastone di legno
nello stesso senso affinché non si formino grumi. Per evitare di mescolare
la polenta in continuazione aggiungi un cucchiaino d'olio nell'acqua.
Lascia cuocere per 30-35 minuti e, quando è quasi cotta, aggiungi il burro
e il formaggio. Porta a termine la cottura mescolando continuamente.
Per preparare una polenta buonissima in minor tempo puoi usare la pentola
a pressione. Porta l'acqua a ebollizione (in questo caso 2 l), versa la farina
di mais mescolando bene affinché non si formino grumi, copri e cuoci
a pressione per 15 minuti.

**Variante: polenta e spezzatino**

Ricorda: puoi anche usare lo spezzatino dei secondi e accompagnarlo
con la polenta per un ottimo piatto unico.

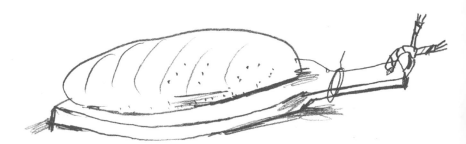

# Gnocchi di semolino

200 g di semolino, 800 ml di latte,
80 g di burro, 100 g di formaggio
grattugiato (grana o parmigiano), sale q.b.

In un tegame porta a ebollizione il latte, toglilo dal fuoco e versaci
a pioggia il semolino cercando di mescolare energicamente e in continuazione
per evitare la formazione di grumi. Rimetti il composto sul fuoco, aggiungi
un po' di sale e fai cuocere - sempre mescolando - per 20 minuti. A fine cottura
aggiungi al composto il burro e il grana.

Versa quindi il semolino su una superficie di marmo bagnata o su un pezzo
di carta forno così da formare, con l'aiuto di una spatola o un coltello, uno strato
dello spessore di circa 1 cm. Lascialo raffreddare per bene e con l'aiuto di un piccolo
bicchiere ricavane tanti dischetti (senza buttar via i "ritagli" che rimangono).
A questo punto prendi una pirofila, imburrala e dopo avere formato un primo
strato con i ritagli di semolino, condiscilo con una manciatina di formaggio
grattugiato. Continua a formare degli strati, questa volta con i dischetti
di semolino, sovrapponendoli leggermente e condendoli con fiocchetti di burro
e formaggio grattugiato. Fai gratinare la preparazione in forno a 180° per circa
30 minuti e servi gli gnocchi ben caldi.

**Variante: gnocchi alla romana**

Per preparare gli gnocchi alla romana segui lo stesso identico procedimento
descritto per la ricetta degli gnocchi di semolino, con l'unica accortezza
di aggiungere 2 tuorli d'uovo prima di stendere il semolino e dopo averlo
lasciato intiepidire leggermente.

# Risi e bisi

68

300 g di riso per minestra,
250 g di pisellini freschi o surgelati,
3-4 cucchiai di olio extravergine d'oliva,
½ cipolla, 50 g di pancetta magra,
1 ciuffo di prezzemolo, 1 l di brodo
(di carne o vegetale), 4 cucchiai
di formaggio grattugiato, sale q.b.

Fai appassire in un tegame la cipolla con l'olio e la pancetta.
Prima che prendano colore, aggiungi due mestoli di brodo
e unisci i pisellini. Sala e fai insaporire per qualche minuto
mescolando.
Aggiungi il riso e il brodo rimasto e lascia cuocere
con il coperchio, mescolando di tanto in tanto, fino a cottura
ultimata del riso (che dovrà risultare "all'onda" ovvero non
del tutto asciutto e neppure brodoso).
Una volta spenta la fiamma aggiungi il formaggio grattugiato,
mescola bene e servi ben caldo.

# Pasta e fagioli

300 g di fagioli borlotti secchi
(oppure 700 circa freschi o surgelati),
200 g di pasta corta (meglio se ditalini,
maltagliati o quadrucci all'uovo) o riso,
½ cipolla, 1 spicchio d'aglio,
1 costa di sedano, 1 carota piccola,
1 pomodoro maturo, 3 cucchiai di olio
extravergine d'oliva, sale q.b.

Metti i fagioli (se secchi, li avrai precedentemente
ammollati in acqua fredda per circa 8 ore) in una pentola con dell'acqua fredda
insieme al sedano e alla carota e portali a ebollizione. Aggiungi un po' di sale
verso la fine della cottura e quando i fagioli saranno cotti, scolali senza buttar via
l'acqua di cottura (in pentola a pressione cuoceranno in 20 minuti, altrimenti
in un paio d'ore). Separa il sedano e la carota e frulla la metà dei fagioli.
In un tegame fai appassire la cipolla e l'aglio insieme all'olio, unisci il pomodoro
spellato e tagliato a dadini e mescola lasciando insaporire per qualche minuto
a fuoco vivace.
Aggiungi la purea di fagioli frullati, 1-2 mestoli della loro acqua di cottura
e lascia ancora insaporire mescolando. Aggiungi 1 l circa di acqua (possibilmente
bollente) e fai sobbollire per almeno mezz'ora.
Butta ora la pasta. A metà cottura circa aggiungi alla minestra l'altra metà
dei fagioli lessati e porta la pasta a fine cottura. Servi la minestra aggiungendo
una spolverata di formaggio grattugiato e un filo di olio a crudo.
Ricorda: al posto della pasta puoi usare del pane raffermo spezzettato o del pane
fresco tostato che disporrai sul fondo del piatto versandoci sopra la minestra
e trasformandola in una zuppa di fagioli.

# Pasta e ceci

200 g di ceci secchi (oppure 400 g circa
freschi o surgelati), 2 spicchi d'aglio,
2 rametti di rosmarino, 3 cucchiai di olio
extravergine di oliva, 2 acciughe sotto sale,
200 g di pasta corta (meglio se ditalini,
maltagliati o quadrucci all'uovo), sale q.b.

Lessa i ceci (se secchi, li avrai precedentemente ammollati
in acqua fredda per circa 12 ore) in pentola a pressione
con uno spicchio d'aglio e un rametto di rosmarino per 20
minuti circa. A parte prepara un soffritto con l'olio, lo spicchio
d'aglio e gli aghi di rosmarino tritati. Quando è ben caldo
aggiungi le acciughe dissalate e stemperale nell'olio.
Versa il soffritto nella pentola con i ceci, aggiungi la pasta
e portala a cottura.

# Passatelli in brodo

1 l di brodo di carne,
100 g di pangrattato, 100 g di formaggio
grattugiato (parmigiano o grana),
3 uova intere, abbondante noce moscata,
scorza grattugiata di limone.

Variante con spinaci:
1 l di brodo di carne,
60 g di pangrattato, 120 g di formaggio
grattugiato (parmigiano o grana),

20 g di farina 0, 3 tuorli d'uovo,
30 g di spinaci lessati, noce moscata,
scorza grattugiata di limone.

In una terrina sbatti le uova con il formaggio grattugiato, la noce moscata
e la scorza del limone. Aggiungi il pangrattato e mescola fino a ottenere
un impasto che sia sodo, ma facilmente lavorabile. Per valutare meglio
la consistenza dell'impasto lasciarlo riposare qualche minuto di modo
che il pangrattato possa assorbire un po' di umidità.
Metti sul fuoco il brodo precedentemente preparato e, appena bolle, buttaci
dentro i passatelli che avrai ottenuto lavorando l'impasto con il ferro apposito
oppure utilizzando uno schiacciapatate con fori grandi (in questo caso
schiaccerai l'impasto, velocemente, direttamente sopra il tegame del brodo).
Fai cuocere i passatelli per circa 3 minuti e servi il tutto aggiungendo, al piatto,
del formaggio grattugiato.

**Variante con spinaci**

Per la preparazione di questa ricetta segui la stessa procedura di quella classica,
sostituendo alle uova intere i soli tuorli e aggiungendo, tra gli ingredienti,
la farina e gli spinaci precedentemente frullati.

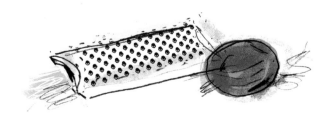

# Tagliatelle con ragù alla bolognese di nonna Rosa

300 g di tagliatelle, 1 carota,
1 gambo di sedano, 1 cipolla,
500 g di carne di manzo macinata,
1 bottiglia da 700 g di salsa di pomodoro,
1/2 litro di latte, 3 cucchiai di olio
extravergine d'oliva, sale q.b., formaggio
grattugiato (parmigiano se sei bolognese!).

Diversi Formati di Pasta

In una pentola fai un soffritto con carota, sedano e cipolla
che avrai precedentemente tritato. Quando la cipolla diventa
dorata, aggiungi la carne macinata e un pizzico di sale.
Cucina la carne per 10 minuti, poi aggiungi il latte e fai andare
a fuoco lento per circa un'ora controllando di tanto in tanto.
A questo punto aggiungi la salsa di pomodoro e fai cuocere
per un'altra mezz'ora, aggiusta di sale e il ragù è pronto
per condire la pasta.
Servi in tavola con una spolverata di formaggio grattugiato.
Ricorda: il ragù è anche ottimo per condire gli gnocchi
o accompagnare la polenta.

tagliatelle

# Pasta con crema di ricotta

300 g di pasta, 250 g di ricotta,
la scorza grattugiata di un limone,
4 cucchiai di formaggio grattugiato,
1 ciuffetto di prezzemolo, noce moscata,
2-3 cucchiai di olio extravergine d'oliva,
sale q.b.

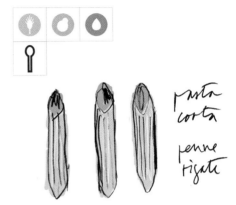

pasta corta

penne rigate

Lessa la pasta (preferibilmente corta) in acqua salata
e nel frattempo con 3-4 cucchiai di acqua di cottura sciogli
in un recipiente la ricotta alla quale aggiungerai la scorza
grattugiata del limone, una grattata di noce moscata,
il formaggio grattugiato e il prezzemolo tritato.
Mescola accuratamente la crema di ricotta così ottenuta
e condisci la pasta aggiungendo un filo d'olio.

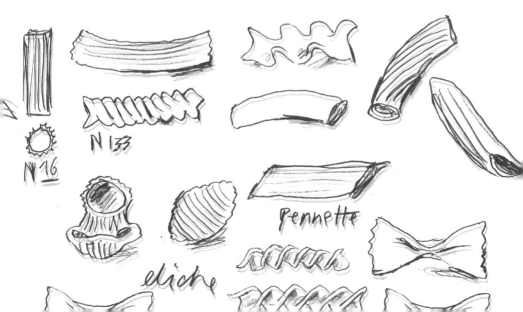

N 133

N 16

Pennette

eliche

# Cous cous con pesce in umido

74

4 filetti di pesce bianco
(merluzzo, sogliola, nasello) o salmone,
300 g di cous cous, 400 g di pomodori
a pezzetti, 1 limone, 4 cucchiai di olio
extravergine d'oliva, 2 spicchi d'aglio,
1 peperoncino rosso se gradito,
1 mazzetto di basilico,
1 cucchiaino di semi di cumino,
sale e pepe q.b.

Versa il cous cous in una terrina con un paio di cucchiai d'olio,
aggiungi il succo del limone, il sale e il pepe e versa nella
ciotola la quantità di acqua bollente indicata nella confezione.
Lascia che il cous cous assorba l'acqua per 10 minuti.
Sgrana successivamente con una forchetta.
Fai scaldare in una casseruola un paio di cucchiai d'olio
con l'aglio, il peperoncino, il cumino e il mazzetto di basilico
tagliato grossolanamente.
Aggiungi i filetti di pesce, versa i pomodori a pezzetti, aggiusta
di sale e copri la casseruola con un coperchio.
Porta a ebollizione, abbassa il fuoco e fai cuocere per una
decina di minuti finché il pesce si sfalda facilmente.
Quando il pesce sarà cotto, il cous cous dovrebbe aver
assorbito tutta l'acqua ed essere pronto da servire.

# Cous cous con verdure al forno e feta

300 g di cous cous, 200 g di formaggio feta,
1 cipolla dolce, 2 peperoni rossi o gialli,
2 zucchine, 1 melanzana, 20 pomodorini
ciliegino, 2-3 patate, 3 spicchi d'aglio,
origano, brodo vegetale, 4-5 cucchiai
di olio extravergine d'oliva, sale q.b.

Riscalda il forno a 200°. Lava tutte le verdure,
taglia le zucchine a rondelle non troppo sottili, e a tocchetti
i peperoni, la melanzana e le patate mentre i pomodorini
andranno in forno interi. Affetta anche la cipolla e disponi
tutto a strato singolo su una teglia ricoperta di carta oleata.
Irrora con l'olio quel tanto che basta per ungere leggermente
tutte le verdure. Sala solo a fine cottura e ricorda che
le diverse verdure cuoceranno uniformemente solo se tagliate
in dimensioni più o meno simili. Lascia cuocere per circa
40 minuti finché le verdure saranno morbide.
Nel frattempo prepara il cous cous seguendo le indicazioni
riportate sulla confezione e utilizzando del buon brodo
vegetale al posto dell'acqua, condiscilo con tutte le verdure
al forno, la feta sbriciolata, dell'origano e un giro d'olio crudo.
Ricorda: puoi sostituire il cous cous con altri tipi di cereali
come il bulghur o la quinoa.

# Crocchette di patate e lenticchie

5-6 patate di dimensione media,
100 g di lenticchie rosse, 2 manciate
di sesamo, 2 cucchiai di olio extravergine
d'oliva, sale q.b.

SESAMO

Lessa le patate e le lenticchie rosse separatamente
e amalgamale con un pizzico di sale dopo averle schiacciate
grossolanamente con una forchetta.
Fai tostare per qualche minuto il sesamo in una padella
a fuoco basso e dopo aver formato le crocchette,
falle rotolare nel sesamo.
Cuoci al forno dopo averle bagnate con un filo d'olio.
Ricorda: puoi usare i piselli o le fave in sostituzione
alle lenticchie.

# Crocchette di salmone

Ricetta per 8 crocchette:
600 g di patate, 500 g di filetti di salmone
con la pelle diliscati e desquamati,
1 cucchiaio di olio extravergine d'oliva,
1 mazzetto di prezzemolo tritato,
1 cucchiaio di farina, 1 uovo fresco grande,
la scorza grattugiata di un limone, sale q.b.

Pela e taglia le patate a tocchetti. Ungi i filetti di salmone
con un po' di olio d'oliva extravergine e metti un pizzico di sale.
Tuffa le patate nell'acqua bollente.
Disponi il pesce, coperto con dell'alluminio, in uno scolapasta
di metallo appoggiato sopra la pentola delle patate.
Abbassa il fuoco e fai cuocere fino a quando le patate
e il salmone sono cotti. Togli la pelle al salmone e sbriciolalo
in una terrina assieme alle patate e a un cucchiaio di farina.
Unisci l'uovo, il prezzemolo e un pizzico di sale, grattugiaci
sopra la scorza del limone e mescola bene il tutto.
Dividi il composto in 8 palline, schiacciale su un piatto
infarinato fino a ottenere delle crocchette e spolverale
di farina.
Per la cottura: scalda in un grosso tegame un po' d'olio
e quando è ben caldo aggiungi le crocchette
e cuocile 3-4 minuti per parte finché non saranno
croccanti e dorate.

salmone

# Polpettone alla genovese

Ricetta per 1 polpettone:
4-5 patate, 300 g di fagiolini, ½ cipolla,
2 fette di arrosto o carne avanzata
(in mancanza di avanzi puoi utilizzare
una fetta alta ½ cm di prosciutto cotto o
mortadella), 3 cucchiai di olio extravergine
d'oliva, 3 uova, 5 cucchiai di formaggio
grattugiato, maggiorana, origano,
3 cucchiai di pangrattato.

Fai lessare i fagiolini e le patate. Taglia i fagiolini in piccoli pezzi,
schiaccia le patate con la forchetta e macina la carne
con il mixer. Soffriggi in una pentola la cipolla, aggiungi
i fagiolini e la carne e falli rosolare per 10 minuti a fuoco
allegro.
Togli dal fuoco e metti il composto in una terrina,
aggiungi le uova, il formaggio grattugiato, la maggiorana
e le patate schiacciate. Amalgama bene e poni l'impasto
in una teglia tonda precedentemente oliata; appiana l'impasto
che dovrà essere alto circa 2 cm e passa i denti della forchetta
in superficie in modo da creare delle zigrinature.
Bagna la superficie con un filo d'olio e una spolverata di
origano. Metti in forno preriscaldato a 160° per circa 20 minuti.

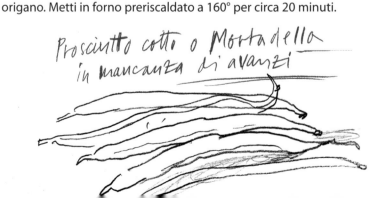

Prosciutto cotto o Mortadella
in mancanza di avanzi

# Sommario

## Secondi piatti

## Contorni

# I libri di Terre

Stefania Cecchetti
**I mostri nel mio frigorifero**
*Cosa si nasconde dentro
merendine, piatti pronti, salumi,
bibite, yogurt, sughi...*

Questa guida analizza i più comuni
alimenti di consumo quotidiano (dai
salumi ai sughi pronti, dagli snack
alle patatine, ai surgelati), fornendo
al lettore strumenti utili per orientarsi
nel mare magnum delle offerte al
supermercato, e per poter scegliere
prodotti di qualità.
Una parte del libro è dedicata all'analisi
di aromi, additivi, pesticidi, intolleranze
e frodi alimentari.
*208 pagine, 10 euro*

Bill Statham
**Mangia sano, leggi l'etichetta!**
*Guida pratica per conoscere e
riconoscere aromi, coloranti,
conservanti nel cibo di ogni
giorno*

Siete sicuri di sapere davvero cosa
state mangiando? Sapete, per esempio,
che dolci, caramelle e bibite possono
contenere coloranti responsabili di
asma, eruzioni cutanee e iperattività?
Per non parlare di conservanti e affini.
Una guida pratica per imparare a
leggere le etichette alimentari e scoprire
gli ingredienti da evitare.
Un elenco aggiornato, completo e facile
da consultare, con gli aromi, i coloranti,
i conservanti e gli additivi alimentari,
il loro grado di pericolosità e gli effetti
sulla salute.
*128 pagine, 10 euro*

Daniela Maniscalco
Carlotta Benedetti
**Questo l'ha fatto il mio bimbo**
*Ricette e racconti di stagione per piccoli cuochi*

36 ricette facili, buone e di stagione
per bambini dai 4 anni in su. Per tutti i
figli che giocano a cucinare imitando la
mamma o il papà, per tutti i genitori che
vogliono trasmettere loro la passione
per la buona tavola.
Basta pasticci di acqua e farina
immangiabili! Spazio a padelle
e ciotoline, fontane di farina e
bagnomaria. Ecco pronti ottimi
manicaretti che faranno felice tutta la
famiglia. E mentre la torta si cuoce o si
fredda la granita, c'è anche il tempo di
leggere le divertenti storie e le leggende
che accompagnano ogni piatto.
*96 pagine, 10 euro*

Roberta Ferraris
**Una zucchina non fa primavera**
*Guida alla frutta e alla verdura
(e non solo) di stagione*

Oggi zucca! Ma è di stagione?
Domandarsi se gli ortaggi e i frutti
che compriamo maturano, in natura,
quando vorremmo mangiarli ha tre
vantaggi: il gusto, la salute, l'ambiente.
Ma sappiamo quando è il momento
di cogliere asparagi, fave, melanzane,
carciofi, spinaci?
O anche albicocche, kiwi, pere, arance,
meloni, prugne, ciliegie...
Una guida pratica per riconoscere la
stagionalità e imparare a cucinare ottimi
piatti con i sapori veri della campagna.
Con almeno una ricetta per ogni
prodotto.
*192 pagine, 12 euro*

libri.terre.it

# I libri di Terre

Jacopo Manni,
Lorenzo Buonomini
**Libera tavola**
*Ricette d'autore dalle terre
confiscate alle mafie*

Ottimi ingredienti coltivati sulle terre
confiscate alle mafie sono combinati
in preparazioni originali e tradizionali
insieme: dalle maglie siciliane al pesto
trapanese al pancotto di cavolo nero,
mozzarella di bufala e crema di patate,
dal timballo di caserecce ai fagottini
"primavera" ripieni di verza viola con
crema di cicerchie. Sette menu tematici
promuovono in modo divertente
e gustoso la lotta alla criminalità
organizzata direttamente nel piatto.
In più le ricette e i ricordi di chi si è
speso in prima persona contro la cultura
mafiosa. Scrittori, giornalisti, uomini e
donne di spettacolo, politici, ma anche
chef stellati, ci hanno regalato piatti
speciali che hanno per protagonisti i
sapori della legalità.
*176 pagine, 10 euro*

Florasol Accursio, Giorgio Gabriel
**Street food**
*Ricette da tutto il mondo
per italiani curiosi*

Il cibo di strada è un filo conduttore che
attraversa tutti i continenti.
Ovunque andrete, troverete negozi
pieni di leccornie adatte a un
consumo veloce, come samosa,
tiropita, empanadas; locali attrezzati
a placare quella fame improvvisa di
chiles rellenos, wanton o pastelinhos
de bacalhau; bancarelle pronte a
risolvere un pranzo fuori casa con
un bel cartoccio di fish & chips o una
piadina, oppure una cena al volo con un
souvlaki, una tortilla di patate e un dolce
halo halo.
Questo ricettario pesca il meglio della
tradizione mondiale in fatto di street
food e vi insegna a cucinarlo a casa.
*96 pagine, 10 euro*

Lorenzo Guadagnucci
**Restiamo animali**
*Vivere vegan è una questione di giustizia*

Lorenzo Guadagnucci, giornalista
e attivista, in questo libro spiega
come "la scelta vegana non è che la
premessa, forse la condizione per ciò
che davvero conta, ossia l'impegno
per costruire una società più giusta.
'Restiamo animali', diciamo a noi stessi,
perché siamo coscienti d'essere ospiti
- e non dominatori - del pianeta Terra,
compagni di viaggio di tutti gli altri
viventi, ai quali dobbiamo rispetto.
Non stiamo parlando di diete, né di
precetti di natura religiosa, ma di una
prospettiva di cambiamento culturale
e politico. Il cuore dell'animalismo, direi
meglio dell'antispecismo, è qui. È una
lotta contro l'ingiustizia".
*256 pagine, 14 euro*

Pia Pera
**Le vie dell'orto**
*Coltivare frutta e verdura, sul
davanzale o in piena terra, e
difendere il proprio diritto alla
semplicità*

Massimo e i pomodori sfemminellati,
il Maestro Angelo, i chicchi e le bacche
di Emanuela, Franco il "bricoleur", la
Signora Rosina che regala cavolfiori
e zucchine al primo che incontra per
strada... Pia Pera entra negli orti di
tredici ortolani per raccontarci l'amore
che li lega alla terra e svelarci alcuni
semplici accorgimenti per coltivarla, sia
in campagna sia in città, anche solo sul
terrazzo o sul balcone di casa.
*192 pagine, 14 euro*

libri.terre.it